www.ingramcontent.com/pod-product-compliance
Ingram Content Group UK Ltd.
Pitfield, Milton Keynes, MK11 3LW, UK
UKHW061657190726
13853UKWH00008B/2258

سلسلة الأوائل للفتيان

أولُ من رمى بسهمٍ فِي الإسلامِ
سعدُ بنُ أبي وقَّاص رَضِيَ اللهُ عَنهُ

بقلم

محمد ثابت توفيق

مكتبة العبيكان

ⓒ **مكتبة العبيكان، ١٤٢١هـ**

فهرسة مكتبة الملك فهد الوطنية أثناء النشر

أول من رمى بسهم في الإسلام، سعد بن أبي وقاص، لجنة التأليف والترجمة بمكتبة العبيكان - الرياض.

٥١ص، ١٧×٢٢ سم

ردمك: ١-٧١٦-٢٠-٩٩٦٠

١- سعد بن أبي وقاص ٢- الصحابة والتابعون

أ- العنوان ب- السلسلة

ديوي ٢٣٩،٩ ٢١/١٩٢٧

ردمك: ١-٧١٦-٢٠-٩٩٦٠ رقم الإيداع: ٢١/١٩٢٧

الطبعة الأولى

١٤٢١هـ / ٢٠٠٠م

الناشر

مكتبة العبيكان

الرياض - العليا - تقاطع طريق الملك فهد مع العروبة.

ص.ب: ٦٢٨٠٧ الرياض ١١٥٩٥

هاتف: ٤٦٥٤٤٢٤، فاكس: ٤٦٥٠١٢٩

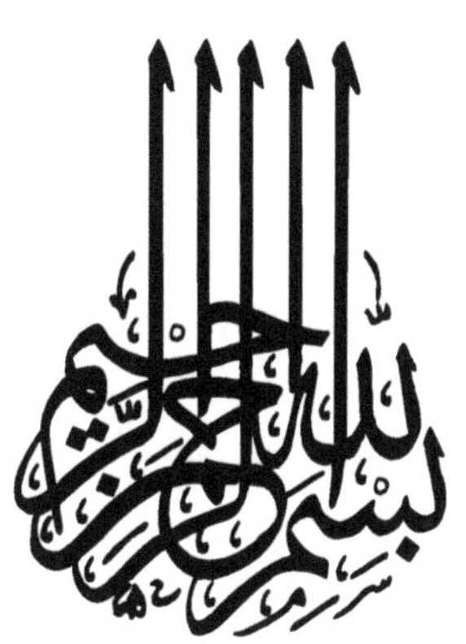

الفصل الأول
سابع المسلمينَ

سعدٌ يحكِي يومَ جهادِهِ:

- عن سعدٍ قال: «رأيتني سابعَ سبعةٍ مع رسولِ الله ﷺ ما لنَا طعامٌ إلاَّ ورَقُ الحَبُلةِ أو الحَبَلَة حتى يضعَ أحدنَا ما تضَعُ الشَّاةُ، ثم أصبحَتْ بنُو أسَدٍ تعزرُني علَى الإِسلامِ، خسرتُ إِذنْ وضلَّ سعيي»(١).

هكذَا يحكِي عن نفسهِ سابعُ المسلمينَ، «سعدُ بنُ مالكِ بنِ أهيب» المعروفُ في «مكةَ» باسمِ «سعدِ بنِ أبي وقَّاص»، يقولُ سابعُ السابقينَ إلَى نصرةِ الرسولِ العظيمِ، واحتمالِ الأذى في سبيلِ دينِ اللَّهِ، أنهُ كانَ معَ رسُولِ اللَّهِ حينَما كانَ الصحابةُ لا يجدون من الطعامِ إلا ورقَ الشجرِ.

ويكملُ سعد:

«ثمَّ أصبحَت بنو أسَدٍ تعزرُني على الإِسلامِ، خسرت إِذنْ وضلَّ سعيي».

ولما علمتْ قبيلتهُ، بنوُ «زهرةَ» بإِسلامهِ أخذتْ تحاول إرجاعه عنِ الإِسلامِ، أمَّا سعدُ المؤمنُ الذي دخلَ في دينِ اللَّهِ، وذاقَ وعرفَ حلاوةَ الإِيمانِ، فإِنهُ لا يرى في الكونِ كلهِ ما يعوضهُ عن دينهِ، وإلا كَانَ من الخائبين.

١- رواه البخاري في الأطعمة برقم ٥٤١٢.

لقد أسلم هذا الفتى وهو ابنُ سبعةَ عشرَ عاماً، وهو علَى حداثةِ سنه قد عرفَ أنَّ الإسلامَ آخرُ الأديانِ، وأنَّ ما عداهُ اليومَ في شبهِ الجزيرةِ العربيةِ، باطلٌ، وكل الأديان التي يؤمن بها الناس جميعاً غير الإسلام باطلة، لقد جلسَ هذا الفتىَ إلَى الرسولِ العظيمِ، فلقنهُ -صلى اللَّه عليه وسلم- مبادئَ الإسلامِ، وعلمهُ القرآنَ، فآمنَ بوحدانيةِ اللَّهِ، وأنَّ محمداً رسُولهُ، لذَا فلنْ يحيدَ عنْ هذا الطريقِ أبداً، وقد علمَ أنه طريقُ الفوزِ في الدنيَا والآخرةِ، ولكنْ هلْ يتركهُ أهلهُ وما اختارَ؟.

«أم سعدٍ» تهددهُ:

-يا سعد ما هذا الدينُ الذي قد أحدثتَ؟ لَتَدعنَّ دينكَ هذا، أو لاَ آكُلُ، ولا أَشربُ، حتى أموتَ.

إنها «أمهُ السيدةُ حمنه بنتُ سفيانَ بن أميةَ» تهددُه كي يتركَ دينَه، تهددهُ بنفسهَا، وهو البارُّ المحبُّ لأمهِ، المطيعُ لأوامرهَا، تتعجبُ من إيمانه، وترَى أنهُ قد «أحدثَ» أتى بأمرٍ غريبٍ، هكذا رأتْ وأخذتْ تهددهُ وتخيرهُ بينَ أن يتركَ «الإسلامَ» أو تتركَ الطعامَ والشرابَ، فلا تأكلُ أو تشربُ حتى تموتَ وعليهِ أن يختارَ، وهو خيارٌ صعبٌ علَى نفسِ سعدٍ، وتكملُ أمُه كلماتهَا:

- «فُتعيَّرَ بي فيقالُ: يا قاتلَ أمهِ».

وهي تزيدُ أمامهُ من صعوبةِ الموقفِ، فلو أنه أصرَّ علَى دينهِ، وماتت فسوفَ يعيرُهُ الناسُ بهَا، ويقولونَ له إنه قد تسببَ في قتلِ أمهِ.

أجابهَا سعدٌ :

- « لا تفعَلي يا أمَّه، إنِّي لا أدعُ ديني هذا لشيءٍ » .

أمَّا عنهُ، فإنهُ مؤمنٌ لن يتركَ إيمانه، لأجلِ أي شيءٍ في الحياةِ، لذلكَ طلبَ من أمهِ ألا تفعلَ، لأنهَا سوفَ تتعبُ نفسهَا، دونَ أن تصلَ إلى ما تريدُ .

لكنَّ أمهُ أصرت علَى موقفهَا فظلت يوماً كاملاً لا تأكلُ ولا تشربُ حتى إذا جاءَ صباحُ اليومِ التالي، كانَ التعبُ قد أخذَ منها كلَّ مأخذٍ، فأجهدتْ، فلما رأَى ذلكَ قالَ لها :

-« يا أمَّه! تعلمينَ واللَّهِ لوْ كانَ لكِ مئةُ نفسٍ، فخرجتْ نَفْساً نَفْساً، ما تركتُ ديني . إن شئتِ فكلي أو لا تأكلي » .

يخبرُها ويقسمُ لهَا أنهَا مهمَا فعلتْ فلن يتركَ الإسلامَ، ولا داعي لأن تهددهُ بنفسهَا فهو لن يرضيَها ويعصيِ اللَّهَ أبداً . . . فمَا كانَ من أمهِ بعدَ أن سمعت منه هذهِ الكلماتِ إلا أن أكَلت[1]، فأنزلَ اللهُ في هذا الموقفِ ﴿ **وَإِن جَاهَدَاكَ لِتُشْرِكَ بِي مَا لَيْسَ لَكَ بِهِ عِلْمٌ فَلا تُطِعْهُمَا** ﴾[2] .

أنزلَ اللَّهُ في موقفِ سعد قرآناً يخلدُ موقفهُ، قرآناً يوضحُ أنَّ علَى المؤمنِ

١-مسند الإمام أحمد حـ١ ص١٨١، ص١٨٢ .

٢- من الآية ٨ من سورة العنكبوت .

أن يطيعَ والديهِ في جميعِ الأمورِ طالما كانت تؤدي إِلَى طاعةِ اللَّهِ، فإِنْ أمراهُ بمعصيةٍ فلاَ يطيعهمَا وإِن بذلا مَا في وسعهمَا لأجلِ أن تشركَ، وفي كلماتِ اللَّهِ موافَقَة لسعد ولموقفهِ من أمِّه.

سعد بعدَ إيمانِه:

وهكذَا تملكَ الإِيمانُ قلبَ سعدٍ وعلمَ قومه أنه لا سبيلَ لإِرجاعهِ عن دينهِ فتركوهُ، وأصبحَ هذا الشابٌّ مؤمناً موحداً باللَّهِ لا يسبقُ إِيمانَه شيءٌ من متعِ الدنيَا، وتناقلت «مكةُ» كلها أخبارهُ، فإِنَّ سعداً قد انضمَّ إِلى أصحابِ محمدٍ، إِلى تلكَ القلةِ الثابتةِ على دينهَا مهمَا لاقتْ، فلا يحزن لأنَّ النعيم الذي كانَ يحيَا فيه بينَ أبويه قد فارقهُ، لا يضايقهُ أن يأكلَ ورقَ الشجرِ فليس هناكَ طعامٌ وشرابٌ نظيرَ فوزهِ برضَا اللهِ وطاعتهِ.

دعاءُ الرسولِ لسعدٍ:

وحدثَ أنْ مرضَ سعدٌ مرضاً شديداً، فذهبَ إِليهِ الرسولُ العظيمُ ليعودهَ ويطمئنَّ عليهِ، فقالَ سعدٌ له:

-«يا نبيَّ اللَّهِ إِنِّي أملكُ مَالاً، وإِنِّي لم أترك إلا بنتاً واحدةً، فأوصِي بثُلُثَي مالي وأتركُ الثلثَ».

إِنه سعدٌ المؤمنُ بربهِ حينمَا يمرضُ، لا يخافُ المرضَ ولا الذي يمكنُ أن

يؤديِّ إليـه، ولكنهُ يفكرُ في مـالهِ من بعـدِه، يفكرُ بكم من مـالِـه سـوفَ يتصدُق ويخرجُ في سبيلِ اللّهِ، ويستشيرُ في ذلكَ الرسولَ العظيمَ، يعرضُ عليـهِ أن يوصِي بثلثيْ مالهِ في سبيلِ اللّهِ، ويتركَ لابنتهِ الوحيدةَ الثلثَ، فيجيبُه الرسولُ العظيمُ:

–« لا »

فيعودُ سعدٌ مرةً أخرى ليقولَ:

–« فأوصِي بالنصفِ وأتركُ النصفَ؟ ».

إنهُ يريدُ أن يوصيَ بأن يكونَ نصفُ مالهِ في سبيلِ اللّهِ، والنصفُ الآخر لابنتهِ فيقولُ الرسولُ لَه:

–« لا ».

فقالَ سعدٌ:

–« فأوصِي بالثلثِ وأتركُ الثلثينِ ».

يجيبهُ « الرسولُ »:

–« الثلثُ والثلثُ كثيرٌ »

إنه الإيمَان حين يملكُ جوامعَ النفسِ، إنه سعدٌ صاحبُ المالِ، نعَم ولكنهُ من قبلُ سعدٌ المؤمنُ الموحدُ بربهِ، لذا يريدُ أن يعطيَ من مالهِ ما يرضىَ عنه

الرسولُ، ويروحُ ليقترحَ عليه، هلْ يقسمُ مالَه من بعدِه على أساسِ أن الثلثينِ في سبيلِ اللهِ، فيجيبهُ الرسولُ ب« لا » فيمضِي في قولِه، إذن نصفُ المالِ في سبيلِ اللَّهِ، فيقولُ الرسولُ « لا » مرة ثانية، فيمضي سعدٌ يقترحُ علَى النبيِّ ثالثةً، فليترك الثلثَ للَّه، فيوافقهُ الرسولُ ويخبرهُ بأن الثلثَ كثيرٌ. . . كذلكَ نفسُ المؤمنِ ترىَ الخيرَ كلَّ الخيرِ فيمَا تعطيهِ في سبيلِ اللَّهِ، وتخافُ الحسابَ فتسعَى لرضاهُ –عزَّ وجلَّ– وكذلك كانَ سعدٌ تقياً عابداً نقياً، يجودُ بالغاليِ والنفيسِ ليرضيَ ربهُ ورسولهُ.

ووضعَ « الرسولُ » يدهُ على جبهةِ سعدٍ، ومسحَ بها وجههُ وبطنهُ ثم قالَ:

–« اللهمَّ اشفِ سعداً، وأتمم هجرتهُ »[1].

أعجبَ الرسولُ بهذا الصحابيِّ الجليلِ، فأخذَ يمسحُ بيدِهِ الشريفةِ عليه، علَى وجههِ، وبطنهِ داعياً لهُ بالشفاءِ، وتمامِ الإيمانِ والخيرِ. ويعلقُ سعدٌ فيذكرُ أنَّ تأثيرَ وضعِ الرسولِ ليدهِ عليهِ كانَ خيراً عليهِ حتَّى أنَّهُ:

–« ما زلتُ أجدُ بردهُ على كبدِي فيما يخالُ لِي حتَّى الساعةَ ».

لقدِ استجابَ اللَّه لدعاءِ « الرسولِ » فشفَىَ سعداً، وحلت بهِ بركةُ دعائهِ ولازمتهُ.

١– النسائي – حـ٦ – باب الوصية بالثلث.

الفصل الثاني
أولُ مَنْ رمَى بسهمٍ في الإسلامِ

حَامِي المسلمينَ:

وهاجرَ الرسولُ من « مكةَ » إلى « يثربَ »، بعد أن ضيقَ المشركونَ عليه، وآذوه، واضطهدُوا أصحابَه الكرامَ، وفي « المدينةِ المنورةِ » كما سُميت بعدَ الهجرةِ، بدأت صفحةٌ جديدةٌ من تاريخِ جهادِ المسلمينَ بعدَ ثلاثةَ عشرَ عاماً قضوهَا في مكةَ صابرينَ على ما يلاقونهُ محتسبينَ أجرهم عندَ اللّهِ، وهناكَ في المدينةِ نزلت آيةُ الجهادِ التي تأذنُ للمسلمينَ، وتعطيهِم الرخصةَ في الدفاعِ عن أنفسهم، وفُرِضَ الجهادُ للدفاعِ عن دينِ اللّهِ ونصره. فأمر الرسولُ سعداً وبعضَ المسلمينَ الذين يقلُّ عددهُم عن أربعمائةٍ بالسيرِ إلى مكانٍ بالحجازِ اسمُه: « رافع » لتأديبِ أهلهِ من المشركينَ حتى لاقُوهم.

هجمَ المشركونَ على المسلمينَ يريدونَ القضاءَ عليهم، غيرَ أنَّ سعداً الواعِي المدركَ كانَ يقظاً منتبهاً إليهمْ وإلى ما يدبرونهُ، فأسرعَ يطلقُ سهامَهُ الكثيرةَ السريعةَ التي أخافتهم وجعلتهم يتراجعُونَ، وحمتِ المسلمينَ من شرهم.

رسالةٌ سريعةٌ:

فقالَ سعدٌ:

أَلا آت رسـولَ اللَّهِ أنـيِّ حميتُ صحابتي بصدورِ نبلي

فمَا يعـتدُّ رامٍ فِي عـدوٍّ بسهـمٍ يا رسولَ اللَّهِ قبلي[1].

إِنَّها كلماتُ برقيةٍ سريعةٍ، صاغَها سعدٌ البطلُ المحاربُ شعراً، فكمَا أنهُ شجاعٌ جسورٌ في ميدانِ المعركةِ، فإِنهُ بليغٌ عالمٌ في القولِ الذي يوافقُ مواقفهُ يقولُ سعدٌ إِنه ليرجُو أن يصلَ الرسولَ أنهُ حمَى أصحابهُ من كيدِ المشركينَ بسهامهِ، فلا يعدُّ رامٍ للعدوِّ قبلهُ، إِنهُ ليسَ فخراً بالنفسِ قدرَ مَا هُو فخرٌ بالنصرِ على العدوِّ، والقدرةُ على حمايةَ المسلمينَ المحاربينَ، فكانت هذه السريةُ أولَ «سريةٍ» في الإِسلامِ وكانَ سعدٌ فيهَا أولَ من رمىَ العدوَّ بسهمهِ، وبذلكَ تشرفَ بأنهُ من السابقينَ إِلى الإِسلامِ، والمجاهدِين، وهو أولُ رامٍ في تاريخهِ.

سعدٌ في غزوةِ بدرٍ:

وفِي غزوةِ «بدرٍ» حيثُ اشتركَ الرسولُ بنفسهِ ليستردَّ بعضَ ما أخذتهُ قريش من مالِ المسلمينَ بعد هجرتهِم، إِذ كانت قافلتهُم العائدةُ من «الشَّام»

١- البداية والنهاية ٣/٢٤٣.

ستمرٌّ بالمدينةِ، ورغمَ فرارِ «أبي سفيانَ» قائدِ القافلةِ، ومرورِه بطريقٍ آخرَ إلاَّ أن المشركينَ وجدوهَا فرصةً للقتالِ، فجاؤوا يريدونَ القضاءَ علَى الإسلامِ، فخيبَ اللَّهُ رجاءهُم، ونصرَ دينهُ، وأعادهُم خائبينَ، اشتركَ سعدُ بنُ أبي وقاصٍ في المعركةِ، وروى «عبدُالله بن مسعودٍ» عن شجاعتهِ فقال:

-«اشتركتُ أنا، وسعدٌ، وعمارٌ، يومَ بدرٍ فما أصبنَا من الغنيمةِ، فجاءَ سعدٌ بأسيرينِ، ولم أجِيء أنا وعمارٌ بشيءٍ».

إن هؤلاءِ الصحابةَ الثلاثةَ من الفرسانِ الشجعانِ أيضاً لكنهُم لم يحصلُوا على شيءٍ من الغنيمةِ، وجاءَ سعدٌ وحدَه بأسيرين، وعاد من هذه الغزوة «عبدُالله» ليروي ما حدثَ مفتخراً بأخيهِ سعدٍ فأيُّ عظمةٍ كانَ هؤلاءِ الصحابةُ يحيونَ بهَا؟ فإن لم يكن هوَ وعمارٌ قد حصَلاَ على شيءٍ مما تركهُ الأعداءُ أو أسرا واحداً من المشركينَ، فإنهمَا يفخرانِ بفعلِ سعدٍ، ويحكي «ابنُ مسعود» الصحابيُّ الجليلُ هذا الموقفَ، ولا يرَى فيهِ بأساً أليسَ سعيهُ وسعيُ عمارٍ وسعيُ سعدٍ في سبيلِ إرضاء اللَّهِ وحدهُ؟ لذَا يسرانِ بفعله، وهكذا عاشَ الصحابةُ الكرامُ يحبُّ بعضُهم بعضاً مترفعينَ عنِ حبِّ النفسِ، وبهذهِ الروحِ العظيمةِ افتخرَ ذلكَ الصحابيُّ بصاحبهِ سعدٍ.

سعدٌ فِي غزوةِ أحدٍ:

كانتْ «غزوةُ بدرٍ» في «رمضانَ» من العامِ الثانِي لهجرةِ الرسولِ العظيمِ

وعادَ المشركونَ منهزمينَ فأخذُوا يعدونَ عدتهمْ لقتالِ جديدٍ ولحربٍ أخرىَ معَ المسلمينَ، حتى إِذا جاءَ شوالُ من «العامِ الثالثِ» الهجرِي خرجُوا لملاقاتِهِم، واستشارَ الرسولُ صحابتَه فاستقرَّ رايُهم علَى الخروجِ لمحاربةِ قريشٍ خارجَ المدينةِ، ويروي سعدٌ عن «يومِ أحدٍ» فيقولُ إن «عبدَاللَّه بنَ جحشٍ» قالَ له:

-«ألا تأتِي ندعُو اللَّهَ تعالىَ، فخلوا في ناحيةٍ» فكان دعاءُ سعدٍ:

«يا رب: إِذا لقينَا العدوُّ غداً، فَلقنِي رجلاً شديداً بأسُهُ، شديداً حَرَدُهُ، أُقاتلُه ويقاتلُني، ثم ارزقِني الظفرَ عليهِ، حتى أقُتلَه وآخذَ سلبتهُ، فأَمَّنَ عبدُاللَّه ثم قال: اللهمَّ ارزقني غداً رجلاً شديداً بأسُهُ، شديداً حرَدُه، فأقتله، ويقُاتلنِي، ثم يأخذُني، فيجدعُ أنفي وأذنِي، فإِذا لقيتُك غداً قلتَ لي:

يا عبدَاللَّه: فيم جُدعَ أنفُكَ وأذنَاكَ؟ فأقولُ:

فيكَ وفي رسولكِ فتقول:

صدقتَ(١).

اللهُ أكبرُ! ما أحَلاهُ من دعاءٍ وأجملهُ وأجلهُ.

إِنهَا مسابقةٌ حلوةٌ جميلةٌ بين اثنينِ من صحابةِ الرسولِ.

فيمَ يتَسَابقَانِ؟

١- سير أعلام النبلاء الذهبي - ط١- ص١١٢.

إنهمَا لا يتسابقانِ لأجلِ الحصولِ على متعةٍ زائلةٍ من متعِ الدنيَا، وهل يتسابقُ هذانِ العظيمانِ على مثلِ هذا الأمرِ؟ كيفَ وقد تربيَا علَى يدِ خيرِ البشرِ، إنهمَا يتسابقانِ وفي آذانهم ﴿**وَسَارِعُوا إِلَىٰ مَغْفِرَةٍ مِّن رَّبِّكُمْ وَجَنَّةٍ عَرْضُهَا السَّمَوَاتُ وَالْأَرْضُ أُعِدَّتْ لِلْمُتَّقِينَ**﴾. يتسابقانِ فيدعُو «سعدُ بنُ أبي وقاصٍ» أن يلقَى رجلاً من المشركينَ، قوياً شديدَ القدرةِ على القتالِ، ماهراً فِيه، كي يقاتلهُ ويحاولُ ذلكَ الكافرُ بذلَ ما فِي وسعهِ، ولكن أنّى له؟ وهوَ أمامَ «ابن أبي وقاص» يدعُو سعدٌ ربهُ أن يرزقهُ النصرَ عليهِ حتَّى يريحَ المسلمينَ من شرهِ، ويتركَ بعدَ ذلكَ ما معهُ ليكونَ غنيمةً لهم.

أمَّا «عبدُاللَّه بن جحشٍ» فلقد تمنَّى مثلَ ذلكَ وزادَ فِي دعائهِ أن يقطَعَ عدوُّهُ أنفهُ وأذنيه...

وأكملَ سعدٌ روايةَ ما حدثَ فقالَ إنهمَا جاءَا بعدَ المعركةِ «فكانت دعوتهُ خيراً من دعوتِي، وإن أنفهُ وأذنهُ لمعلقٌ في خيطٍ».

وبنفسِ الروحِ العظيمةِ التي تحدثَ بها «عبدُاللَّه بن مسعودٍ» في الصفحاتِ الماضيةِ، فشهدَ لسعدٍ بالشجاعةِ في «أحدٍ» شهدَ سعدٌ لأخيه «عبدُالله بن جحشٍ» بأن دعوتهُ خيراً من دعوته، وفي كلتيهمَا خيرٌ كثيرٌ. وكانت خيراً لأنَّ «ابن جحشٍ» أصيبَ في المعركةِ... فيا لهَا من عظمةٍ؟! ويا لهُ من حبٍّ للَّهِ ورسولهِ؟! ما أعظمَ رغبةَ الصحابيُ في الابتلاءِ في سبيلِ

ربهِ! وهل جاءَ إلى الدنيَا بعدَ الأنبياءِ أحدٌ أعظمُ من صحابةِ محمدٍ العظيمِ رضوانُ اللَّهِ عليهم، كيفَ نستغربُ مثلَ هذه المواقفِ العظيمةِ منهُم... ولقد كانَ - رضيَ اللَّهُ عنه - من أبرزهمْ.

درسٌ عظيمٌ:

ولكنَّ اللَّهَ كانَ قد قدرَ في «يوم أحدٍ» أمراً:

فلقد أمرَ الرسولُ خمسينَ من المسلمينَ أن يقفُوا خلفَ جبلِ أحدٍ ليحمُوا ظهورَ المسلمينَ أثناءَ مواجهتهم للمشركينَ، وشددَ عليهم الرسولُ ألاَّ يتركوا أماكنهم مهمَا حدثَ، لكنَّ هؤلاءِ الرماةُ حينما رأوا أن المسلمينَ قد انتصرُوا، تعجلَ أغلبهمْ فتركَ موضعهُ، مما أتاحَ الفرصةَ لعدوهم أن يلتفَّ ويفاجئهُم من خلفهمِ، فاضطربَت صفوفُ المسلمينَ لما أعملَ فيهم العدوُّ السيفَ، غيرَ أن الكثيرَ من الصحابةَ ثبتَ في موضعه مدافعاً عن الرسولِ العظيمِ الذي وصلَ إليهِ بعضُ المشركينَ وراحوا يقذفونهُ بالحجارةِ حتى وقعَ علَى جانبهِ، فأصيبَت رباعيتهُ وهي الشِّفةُ المجاورةُ للنابِ، وبُطحَ وجهُهُ، وتورمَت شفتُه وكانَ الذي أصابهُ «عتبةُ بنُ أبِي وقاصٍ» أخو سعدٍ[1].

في هذا الموقفِ الجليلِ قالَ سعدٌ:

-«واللَّهِ ما حرصتُ على قتلِ رجلٍ قط كحرِصي على قتلِ عتبة بنِ أبي

١- سيرة ابن هشام - ابن هشام حـ١ - ص٩٨.

وقاصٍ، وإن كانَ ما علمتُ لسيءَ الخلقِ مبغَضاً في قومهِ، ولقد كفاني منه قولُ رسولِ اللَّهِ -صلى الله عليه وسلم-: اشتدَّ غضبُ اللَّه علَى مَنْ أدمَى وجهِ رسوله».

إِنهُ الإِيمانُ حينمَا يتمثلُ في أبهَى وأروعِ وأجملِ صُوَرِهِ:

ذلكَ الذي يحرصُ سعدٌ على قتلهِ، ويقسمُ أنهُ ما حرصَ على قتلِ رجلٍ مثلُ حرصهِ على قتلهِ، هُو أخوهُ، ولكنَّه إِن كانَ قد ارتبطَ بهِ بأخوةٍ في الأبوينِ، فإِنَّ «عتبةَ» هذا قد أضرَّ بالمسلمينَ، وحاولَ أذى الرسُولِ العظيمِ، لقد أضرَّ بأخوتهِ في اللَّهِ، وأكثرَ من هذَا لقد أدمَى وجهَ الرسُولِ، وقالَ عنهُ -عليه الصلاةُ والسلام- اشتدَّ غضبُ اللَّهِ عليهِ، لقد ارتكبَ «عتبةُ» من الجرمِ في حقِّ اللَّهِ ما يجعلُ سعداً يحرصُ على قتلهِ، وأمَّا أخوةُ الأبِ والأمِ؟ فلا قيمةَ لها إِذا ما قورنت بالأُخوة في اللَّه؟

إِنهُ الفصلُ، الحسمُ في نفسِ سعدٍ، إِن «عتبَةَ» أخُوه لكنهُ سيءُ الخلقِ، مكروهٌ في قومهِ يعادي اللَّهَ، إِذاً انتفت عنهُ صفةُ الأخوةِ... ووجبَ قتلُه.... وهكذا كانَ سعدٌ حازِماً فيما يخصُّ أمور دينهِ وربهِ.

الرسولُ يحرضُ سعداً:

يقول رسولُ اللهِ ﷺ في غزوةِ أُحدٍ:

-« يا سعدُ ارمِ فداكَ أبِي وأميِّ »(١).

١- رواه البخاري في المغازي برقم: ٤٠٥٩ ومسلم في فضائل الصحابة برقم: ٤١/٢٤١١.

وهوَ دعـاءٌ كـانَ يقـالُ عندَ الإعـجابِ بعـملٍ عظيـمٍ، فكانَ النبيُّ يشـجعُ سـعداً بـهِ، ويحـرضـهُ علَى إصابةِ المشـركينَ. عـاشَ سـعـدٌ يذكـرُ هـذا الموقفَ ويقولُ:

-«ما جمَعَ رسُولُ اللَّهِ أبويهِ لأحدٍ قبلِي»[١].

أيْ ما دعَا الرسولُ العظيمُ بهـذَا الدعاءِ لأحدٍ قبلَ سعدٍ، وكذلكَ كانت تتفاخرُ بها ابنتُه «عائشةُ بنت سعدٍ» وتقولُ:

-«أنَا ابنةُ المهاجرِ الذي فداهُ الرسولُ يومَ أُحدٍ بالأبوينِ»[٢].

وحُق لهـا أن تتـفـاخـرَ... فأيُّ شرفٍ عظيمٍ ذلكَ الذي نالهُ أبوهَا؟، ذلكَ الذي حصلَ عليـهِ سعدٌ؟ وجديرٌ بابنتهِ أن تفخرَ بهِ، لأنَّ رسُولَ اللهِ يفديهِ بأبويهِ... ومَا أعظمهُ من شرفٍ!.

وهكذا ظلَّ سـعـدٌ إلى جـوارِ «الرسُولِ» يدافعُ عنهُ، ويحـاربُ المشـركينَ بكلِّ ما أوتيَ من قوةٍ حتى انتهتْ «غزوُة أحدٍ».

الرسولُ يضحكُ من فعلِ سعدٍ:

وفي مـوقفٍ آخرَ، حـدثَ أن كـانَ سعـدٌ يـحاربُ إلى جوارِ «الرسـولِ»،

١- رواه مسلم في فضائل الصحابة: ٤٩/٢٤١٦.

٢- من سير أعلام النبلاء الذهبي - حـ١ ص٩٨.

أيضاً، وكانَ أحدُ المشركينَ قد اشتدَّ في إِيذاءِ المسلمينَ، فقال «الرسُولُ» لسعدٍ:

-«ارمِ فداكَ أبي وأمي».

إنهُ يكررُ علَى مسَامعهِ نفسَ الدعاءِ، ويخصهُ به لأنهُ يعلم قدرتهُ علَى التصويبِ الماهرِ . فمَا كانَ من سعدٍ إلاَّ أن أخذَ سهماً ليسَ له نصلٌ -بلاَ طرفٍ مدببٍ في آخرِه-، صوبَّ سعدٌ سهمهُ فأصابَ جبهةَ ذلكَ المشركِ، فوقعَ على الأرضِ وانكشفت ملابسهُ، فبدت عورتهُ، فتبسمَ رسولُ اللَّهِ حتى ظهرت نواجذُه سعادةً بما فعلَ سعدٌ[1].

الرسولُ يفخرُ بسعدٍ:

لكلِّ ما سبقَ كانَ الرسولُ العظيمُ يفتخرُ بسعدٍ بينَ أصحابهِ، فيقولُ لهم:

-«هذَا خالِي فليرنِي امرؤٌ خالَه»

فأمُّ الرسولِ من قبيلةِ «بنيِ زهرةَ» التي هوَ منهَا ونشأَ وتربى فيهَا سعدٌ لذا قالَ عنهُ الرسولُ أنه خالهُ، وافتخَر بهِ بينَ المسلمينَ، فَمَنْ منهُم لَهُ مثلُ هذا الخالِ؟ ذلكَ أنهُ «سعدٌ بنُ أبيِ وقاص».

١- صحيح مسلم - حـ٥ - ص٢٧٧.

٢- سير أعلام النبلاء الذهبي - حـ١ - ص٩٨.

الفصل الثالث
الرسولُ يبشرُ سعداً بالجنَّةِ

رجلٌ من أهلِ الجنَّةِ:

ولعظيمِ مواقفِ سعدٍ في نصرةِ دينهِ، ولإخلاصهِ الشديدِ في طاعةِ ربِّه، ولدفاعهِ عن رسولِ اللَّه بروحهِ، بشره الرسولُ العظيمُ بأكبرَ مايطمحُ إليهِ مسلمٌ، بأفضلِ مكانٍ تهفُو إليهِ النفسُ المؤمنةُ، بشرَه رسولُ اللَّهِ بأغلَى موضعٍ في الوجودِ، فلقد رَوى «أنسٌ» قال:

- «بينمَا نحنُ جلوسٌ عند رسُولِ اللَّهِ قال: (يطلعُ عليكم الآنَ رجلٌ من أهلِ الجنَّةِ»[1].

ما أحلاَها منْ بشرىَ!

والصحابةُ مجتمعونَ حولَ الرسولِ العظيمِ يقولُ لهُم إنَّ رجُلاً سوفَ يرونهُ الآنَ، وأيَّ رجلٍ هُو؟ إنَّهُ رجلٌ من أهلِ الجنةِ.. منْ أهلِ الجنَّةِ وهو مايزالُ في الدنيا؟ .. نعمْ إنهُ رجلٌ قدم من التضحياتِ، عملَ من الحسناتِ ماجعلَ الرسولَ يبشرهُ بأنَّ لهُ الجزاءَ الأعظمَ: الجنةَ».

تطلعَ الصحابةُ، وكلهم شوقٌ لمعرفةِ من ذلكَ الرجلُ؟ ولم يمضِ وقتٌ طويلٌ حتى ظهرَ سعدٌ. ولم تكنْ هذهِ هي المرةُ الوحيدةُ التي ذكرَ فيهَا الرسولُ هذهِ البشرىَ إذ ثبتَ عنهُ أنهُ قالَ:

١- رواه أحمد.

- «أبو بكرٍ في الجنَّةِ، وعمرُ في الجنَّةِ، وعليٌّ في الجنَّةِ، وعثمانُ في الجنَّةِ، وسعدُ بنُ مالكٍ في الجنَّةِ»(١).

إنهُ «سعدُ بنُ مالك» .. سعدُ بنُ أبي وقاص كما اشتهر، يعدهُ «الرسولُ» بين صحابتهِ العظامِ، بين أبي بكرٍ وعمرَ وعثمانَ وعليٍّ إنه مثلُهم واحدٌ من أهلِ الجنَّةِ. فهنيئاً لهُم بلوغَهم هذهِ المنزلةَ العاليةَ المرتفعةَ نظيرَ ماقدمُوا من تضحياتٍ.

سعدٌ يحرسُ الرسُولَ العظيمَ:

وروتِ السيدةُ «عائشةُ» زوجُ الرسولِ العظيمِ هذهِ الحكايةَ الجميلةَ الطريفةَ العظيمةَ المعاني فتقولُ:

- «أرقَ رسولُ اللّهِ ذاتَ ليلةٍ، فقالَ:

«ليتَ رجُلاً من أصحابِي يحرسُني الليلةَ».

لقد فارقَ النومُ عينيْ الرسولِ العظيمِ، وتمنىَّ لو جاءَ إليهِ واحدٌ من أصحابِهِ كي يقومَ علَى حراستِهِ، تقولُ السيدةُ «عائشةُ» إنهما سمعَا صوتَ السلاحِ، فقالَ الرسولُ:

- «مَنْ هذَا؟».

١- رواه أبو داود برقم: ٤٦٤٩ والترمذي برقم ٣٧٤٧.

فقالَ «سعدُ بنُ أبِي وقاص»:

– «أنا يارسولَ اللَّهِ جئتُ أحرسكَ».

لمْ يخبرهُ أحدٌ بأمنيةِ الرسولِ العظيمِ، وهل يحتاجُ سعدٌ إِلَى أن يخبرَه أحدٌ، وهل غابَ الرسولُ عن ذهنهِ لحظةً؟ في نفسِ اللحظةِ التي كانَ فيهَا الرسُولُ يرجُو أن يأتيَهُ واحدٌ من أصحابهِ كي يقومَ علَى حراستِهِ، كانَ سعدٌ يتوجهُ من تلقاءِ نفسهِ إِلى دارهِ، بمَ يمكننَا أن نسميَ هذَا؟ هل نقولُ مثلاً: «توارد خواطر»، فمن فرطِ حبٍّ سعدٍ لرسولهِ وتقديرهِ، له فإِن الأمرَ الذي يخطرُ على بالهِ هوَ .. هو ذلكَ الذي يفكرُ فيهِ «الرسُولُ».. في وقتٍ واحدٍ، فتردُ الفكرةُ نفسها في ذهنيهمَا في وقتٍ واحدٍ، لا .. إِنهُ ليسَ «تواردَ خواطرَ» .. ليسَ كذلكَ لا لشيءٍ إِلا لأنهُ شيءٌ أعظمُ وأسمَى وأجلُّ من أيِّ اسمٍ، وأبسطُ من كلِّ تفسيرٍ، إِنهُ «الإِيمانُ» قد تعمقَ داخلَ نفسِ سعدٍ وروحهِ، ملكَ عليهِ كلَّ مجامعَ نفسهِ، فمَا عادَ أمرٌ أي أمر عظيمٍ في الدنيا يهمهُ ويشغلُ بالَه سوى حمايةِ رسُولِ ربهِ.. «أنا يارسُولَ اللَّهِ جئتُ أحرسُك» يالَها من كلماتٍ لاتصدرُ إِلاَّ عن قلبٍ امتلأَ بالحبِّ والوفاءِ.

تكملُ السيدةُ «عائشةُ» الحكايةَ فتقولُ:

– «فنامَ الرسولُ حتى سمعتُ غطيطهُ».

لقدْ زالَ الأرقُ عن خيرِ البشرِ ذلك لأنَّ الفارسَ الشجاعَ سعداً سوفَ

يقـومُ على حـراسـتـهِ، و« الرسـولُ » يـعـرفُ مَنْ هو سـعـدٌ إنـه المقـاتـلُ الذي لايخافُ، ولايتركُ مكانَه مهمَا اشتدَّ الخطرُ، ينامُ الرسولُ مطمئناً لأنَّ واحداً من صحابتهِ الأقوياءِ سوفَ يقومُ على حراستِهِ طوالَ الليلِ(١).

إيمانٌ لايتغيرُ:

- « اللهمَّ استجبْ لسعدٍ إذا دعاكَ »(٢).

إنهُ دعاءُ « الرسولِ » العظيمِ يصعدُ إلى ربهِ، استجبْ لسعدٍ اقبلْ دعوتَه إذَا دعاكَ، ماهذهِ الدعوةُ إلا لعلمِ الرسُولِ بأنَّ صاحبَه سعداً لنْ يتغيرَ أو يتزعزعَ إيمانُه، وإن تغيرتْ من أماكنهَا الجبالُ الراسياتُ فإنَّ ما في قلبِ الرجلِ ثابتٌ، لقد عرفَ طريقَه ولن يحيدَ عنهُ وكيفَ يفعلُ؟ وهو واحدٌ منَ الذينَ قالَ فيهمْ ربُّ العزةِ مخاطباً رسولهُ:

﴿وَلا تَطْرُدِ الَّذِينَ يَدْعُونَ رَبَّهُم بِالْغَدَاةِ وَالْعَشِيِّ يُرِيدُونَ وَجْهَهُ﴾.

« فعن المقدام بن شريحٍ عن أبيه عن سعدٍ: فيَّ نزلت »(٣).

١- البخاري برقم ٢٨٨٥ في الجهاد ومسلم برقم ٣٩ / ٢٤١٠ والترمذي برقم ٣٧٥٦.

٢- رواه الترمذي في مناقب سعد رقم ٣٧٥١.

٣- رواه مسلم ٤٥ / ٢٤١٣.

الفصل الرابع:

«مواقفُ سعدِ العظيمةُ بعدَ وفاةِ الرسولِ»

القادسيَّةُ:

واستمرَّ سعدٌ علَى إخلاصِه لدينِه، ونصرتِه للإسلامِ بعدَ وفَاةِ «الرسولِ» العظيمِ وفي عهدِ الخليفةِ الثاني «عمر بنِ الخطابِ» وفي السنةِ الرابعةَ عشرةَ من الهجرةِ، في أول أيامِ شهرِ المحرم خرجَ الخليفةُ وخلفهُ جنودهُ حتى نزلُوا مكاناً به ماءٌ يسمىَّ «صرار» عازماً على مواصلةِ الفتوحاتِ في سبيلِ نشرِ دينِ اللَّهِ قررَ عمرُ تسييرَ جيشٍ كبيرٍ لاستئنافِ فتحِ بلادِ الفرسِ بقيادتهِ[1]، فقامَ «عبدُالرحمنِ بن عوفٍ» أمامَه فقال:

– «أقمْ وابعثْ جُنداً»[2].

إنهُ يخشَى علَى «عمرَ» إن سارَ بنفسهِ لمحاربةِ عدوِّه، يخافُ أن يصيبَهُ مكروهٌ فيصابُ بمصابهِ المسلمونَ، وبالفعلِ اقتنعَ «عمرُ» بمشورةِ «ابن عوفٍ» ثم ذهبَ يفكرُ فيمَنْ يوليهِ قيادةَ هذا الجيشِ، وقالَ لأصحابهِ:

– «فأَشيرُوا عليَّ برجُلٍ».

فقالَ عبدُالرحمن بنُ عوفٍ:

١– البداية والنهاية ٧/٣٦.

٢– تاريخ الطبري – حـ٣ – ص٤٨١.

- « وجدتُه » .

سألَ عمرُ:

- « مَنْ هوَ؟ » .

قالَ:

- « الأسدُ في براثنه سعدُ بنُ مالكٍ »

يشيرُ « ابنُ عوفٍ » علَى « عمرَ » بقائدٍ كأنهُ الأسدُ حينَ القتالِ، لايستطيعُ أحد الاقترابَ من حماهُ، وهو جديرٌ بقيادةِ جندِ اللَّهِ في هذه المعركةِ الفاصلةِ الكبيرةِ، إذ كانت كلُّ المعاركِ السابقةِ لها أقلَّ منهَا، فمَن لهذهِ المعركةِ الحاسمةِ؟ إن لم يكن لَها البطلُ الجسورُ سعدٌ ذلكَ الرجلُ صاحبُ المواقفِ الخالدةِ، إنهُ يستحقُّ هذهِ المكانةِ التي تفتحُ للإسلام آفاقاً واسعةً في « امبراطوريةِ الفرسِ » وماخبرُ الفرسِ وقتهَا بالقليلِ إنهُم يمثلونَ إحدى القوتينِ العظميينِ، ولئن أتمَّ اللَّهُ لجنودهِ نصرهُ عليهم سادُوا نصفَ الكرةِ الأرضيةِ في ذلكَ الوقتِ! .

وكانَ « أبوبكرٍ » قد عينَ « سعداً » لجمعِ صدقاتِ قبيلةِ « هوازن » بـ« نجد » فلمَّا تولَّى « عمرُ » وافقَ على استمرارِ تعيينهِ، فكتبَ إليه « عمرُ » ليختارَ لُه ممن عندَه الرجالَ الأقوياءَ الشجعان ممن لهم قدرةٌ على الحربِ، ولديهم سلاحٌ يستطيعونَ الحربَ بهِ، أو « فرس » يركبونهُ، فجاءهُ ردُّ سعدٍ:

- «إِني انتخبتُ لكَ ألفَ فارسٍ مؤدٍّ».

لقد اختارَ له سعدٌ ألفَ مقاتلٍ «مؤدٍّ» سلاحُ كلِّ واحدٍ منهم كامل ... وأكملَ سعدٌ رسالَته فقالَ:

- «كلُّهُم له نجدةٌ ورأيٌ، وصاحبُ حيطةٍ يحوطُ حريمَ قومه، ويمنعُ ذمارهُم .. فشأنكَ بهمْ». إِن الألفَ كلَّهم ذوو سرعةٍ في الحربِ، ذَوُو رأْي صحيحٍ، كلُّ واحدٍ فيهم يستطيعُ حمايةَ أهلهِ، ويقهرُ عدوهُ، ويقولُ سعدٌ في نهايةِ الرسالةِ المختصرةِ البليغةِ إِن الأمرَ لكَ فأمرهُم بماتريدُ.

جاءت رسالةُ سعدٍ في الوقتِ الذي كانَ «عمرُ» يستشيرُ أصحابَهُ فيمن يوليهِ قيادة الجيشِ، وموافقةً على رأْي «عبدِالرحمن بنِ عوف» وبعد مشورةِ المسلمينَ أرسلَ «عمرُ» إِلى سعدٍ، فأتَى إِليهِ في «المدينةِ المنورةِ»، أعلمهُ الأمرَ، وأوصاهُ بطاعةِ اللَّهِ والاجتهادِ.

سار الجيشُ الكبيرُ بقائدهِ العظيمِ وأقسمَ الخليفةُ قائلاً:

- «واللَّهِ لأضربنَّ ملوكَ العجمِ بملوكِ العربِ».

فلم يدع «عمرُ» ذا قوةٍ، ولاخطيباً، ولاشاعراً إِلا أرسلهُ معَ سعدٍ، وانتظرَ المسلمونَ جميعاً اليومَ الموعودَ، يومَ الحربِ، مستبشرينَ خيراً متأكدينَ من نصرِ اللَّهِ لهم، وأرسلَ «عمرُ» إِلى سعدٍ يطلبُ منه أن يصفَ له حالَ «القادسيةِ» ذلكَ الموقعِ الذي عسكرَ فيهِ جيشُ المسلمينَ، فأخبرهُ سعدٌ

بوصفِ المكانِ، وبأنَّ المسلمينَ قد استعدُّوا لحربِ عدوهم وهزيمتهم بإذنِ اللَّه، وأنَّ «الفرسَ» يظنونَ في أنفسهم القدرَةَ على هزيمةِ المسلمينَ، واختتمَ سعدٌ رسالتهُ بكلماتٍ رائعةٍ ستبقَى خالدةً:

- «.. وأمرُ اللَّهِ بعدُ ماضٍ، وقضاؤهُ مسلمٌ إلى ماقُدِرَ لنَا وعلينَا، فنسألُ اللّهَ خيرَ القضاءِ وخيرَ القدرِ في عافيةٍ».

ما أجملَ هذه الكلماتِ!.

ذلكَ لأنَها تصدُرُ عن فمِ سعدٍ المؤمنِ، فلقد تجهزَ «الفرسُ» واستعدَّ المسلمونَ للحرب، وأمرُ اللَّهِ هو الذي سيكونُ. في هذه اللحظاتِ العصيبةِ شديدةِ الحرجِ يقرُّ سعدٌ لربِّه مسلماً بأمرِ اللَّهِ وبقضائهِ وقدرِهِ، ويدعوهُ ألاَّ يقدرَ للمسلمينَ إلا مافيهِ خيرُهم وعافيتُهم.

مواجهةٌ خطيرةٌ:

لم يكن عددُ المسلمينَ يزيدُ على سبعةِ آلافِ مقاتلٍ، أما الفرسُ فكانُوا ثلاثينَ ألفاً، كذلكَ كانَ المسلمونَ في غزوةِ بدرٍ ثلاثمئةٍ وأربعةَ عشرَ مقاتلاً بينمَا جيشُ المشركينَ يقاربُ الألفَ، ولكنَّهُ نصرُ اللَّهِ يُنزلهُ على جنودهِ المؤمنينَ، فدارتِ المعركةُ الأولَى، وانتظرَ المسلمونَ حتى جاءهُم الفرسُ فهزموهُم لما هجمُوا عليهم هجمةً صدقُوا اللَّهَ فيهَا، وفوجئَ الفرسُ بقوةِ المسلمين فتقهقروُا منسحبينَ فاتبعهُم المسلمونَ حتى حاصرُوهم وسلمُوا أنفسَهم للمسلمين. وكانتْ نهايةُ وقائعِ تلكَ المعركةِ بمكانِ «جلُولاءَ».

إنِ الفرسَ لا يصدقونَ أن العربَ المستضعفينَ الذينَ كانَ بعضُهم يهجمُ على بعضٍ، الذينَ كانُوا يهيمونَ في الصحراءِ على غيرِ هُدى، لا يصدقُونَ أنهُم قد جمعُوا قواتِهم وجاءُوا إليهمْ بل ويهزمُونهُم جمعَ «رستم» قائدُ جيشِ الفرسِ قواتهِ تمهيداً للمعركةِ الأخيرةِ.

«رستم» يسعى لصلح المسلمين:

حتى إذا اقتربَ يومُ المعركةِ رأىَ قائدُ الفرسِ رؤيا أزعجتهُ[1]، فانقبضَ قلبُه، إذْ إنَّ تفسيرَها فيه إيذانٌ بانتهاءِ ملكِ الفرسِ، وازدهارٍ للمسلمينَ، ولما قصّها «رستم» على منجمهِ أمرهُ أن يكتمَهَا فلا يخبر بها أحداً من الناسِ.

ورأَى «رستم» أن يسعَى إلى مصالحةِ المسلمينَ، فلعلهُم يرجعونَ فإنَّه يحسُّ في أعماقِ نفسه بأن الهزيمة آتية إذا هوَ حاربهُم، وأرسلَ إليهِ سعدٌ أحدَ الصحابةِ «ربعيَّ بن عامر» فذهبَ إلى «رستم» وبلغَهُ أنْ يختارَ واحداً من أمور ثلاثةٍ إما الإسلامُ، وإما الجزيةُ وإلا فإنها الحربُ، وأمهلَه حتى يفكرَ، وأعلمَهُ أن المسلمينَ لن يبدؤُوه بالحربِ حتى يبدأَ هو، فتعجبَ قائدُ الفرسِ من حديثه وقال له:

- «أسيدهم أنت؟».

إنهُ يتعجبُ من ذلكَ الرسولِ المكلفِ بنقلِ الحديثِ فقط، وهو يقفُ

١- البداية والنهاية ٧/٣٩.

أمامهُ واثقاً من نفسهِ ومما يقولُه ويسألهُ هل هو سعدٌ القائدُ حتى يكونَ واثقاً من نفسهِ كلَّ هذهِ الثقة، أجابهُ ربعيٌّ بأنَّ المسلمينَ مثلُ الجسدِ الواحدِ يقبلونَ ماقالهُ أحدهم، وفي اليومِ التالي أرسلَ سعدٌ إلى رستم رجلاً آخر فأخبره بنفسِ الكلماتِ وإن اختلفَ اللفظُ، فالمعنَى واحدٌ، جيشُ المسلمينَ ماجاءَ إلا لواحدةٍ من ثلاث ولاطريقَ بعد ذلكَ أمامَ الفرسِ جميعهمْ إلاَّ «الإسلامُ» .. يدخلونَ في دينِ اللَّهِ، أو يدفعونَ الجزيةَ ويدافعُ عنهمُ المسلمونَ، أو يحاربهم المسلمون، وفي اليومِ الثالثِ أرسلَ سعدٌ صحابياً ثالثاً فأخبرَهُم الخبر نفسه، فدخل «العنادُ» نفسَ «رستم» لما رأى من إصرارِ المسلمينَ على الحرب.

لقد ظنَّ قائدُ الفرسِ أن أحدَ رسُل المسلمينَ الثلاثةِ الذينَ جاؤُوه في ثلاثةِ أيامٍ سيخطئُ، وربما حسبَ أن كلماتهم إنَما هِي عن سعدٍ يحفظونَها ثم ينقلونَها إليهِ، وأرادَ أن يأخذَ كلَّ واحدٍ منهُم على حدةٍ، بمفردهِ، فلعلهُ يصلُ إلى حلٍّ رابعٍ غيرَ الحلولِ الثلاثةِ السابقةِ، ولم يعلمْ أن المسلمينَ جميعهُم «سعدُ بنُ أبي وقاص»، اتفقُوا على رأي واحد لَنْ يخالفوُه، ألا وهو طاعةُ اللَّهِ ورسولهِ، ولذا فإنَّ القولَ لديهمْ واحدٌ لايتغيرُ أبداً.

أدركَ «رستم» أنهُ لافائدةَ من كلِّ محاولاتهِ، وباتَ ليلتهُ عازماً على حربِ المسلمينَ في غدٍ، فلمَّا نامَ رأى حلماً كالذي رآه من قبلُ عرفَ فيهِ هزيمة جيشهِ، ولكنَّ اللَّهَ كانَ قد أعمَى قلبَه فلم يملِك أن يتراجعَ.

خطبةُ سعدٍ في المسلمينَ:

ولما كانَ يومُ المعركةِ وقفَ سعدٌ في المسلمينَ خطيباً فحمدَ اللهَ وأثنى عليه ثمَّ قالَ:

-إن اللَّهَ هو الحقُّ ولا شريكَ له في الملكِ، وليسِ لقوله خلْفٌ، قالَ اللَّهُ جلَّ ثناؤه: ﴿**وَلَقَدْ كَتَبْنَا فِي الزَّبُورِ مِنْ بَعْدِ الذِّكْرِ أَنَّ الأَرْضَ يَرِثُهَا عِبَادِي الصَّالِحُونَ**﴾ سورة الأنبياء الآية ١٠٥، وأكملَ سعدٌ: إن هذا ميراثكُم وموعودُ ربِّكم، وقد أباحهَا لكمْ منذُ ثلاثِ حججٍ، فأنتم تطعمُونَ منها، وتأكلونَ منْها، وتقتلونَ أهلهَا، وتجبونهُم وتسبونهُم إلى هَذا اليوم بما نالَ منهُم أصحابُ الأيامِ منكُم، وقد جاءكُم منهُم هذا الجمعُ، وأنتم وجُوه العرَب وأعيانهم، وخيارُكلِّ قبيلةٍ، ويميزٌّ من وراءكم، فإن تزهدُوا في الدنيَا وترغبوُا في الآخرةِ جمعَ اللَّهُ لكم الدنيَا والآخرَة، ولا يقربُ ذلك أحداً إلى أجلهِ، وإن تفشلُوا وتهنُوا وتضعفُوا تذهبَ ريحكُم، وتوبقوا آخرتكُم»[١].

إنه سعدٌ القائدُ يحمسُ جندَه ويذكرهُم بوعدِ اللَّه لهُم كي يثبتُوا في حربِ عدوهم، يذكرهُم بقولِ اللَّهِ: ﴿**إِنَّ الأَرْضَ لِلَّهِ يُورِثُهَا مَن يَشَاءُ مِنْ عِبَادِهِ وَالْعَاقِبَةُ لِلْمُتَّقِينَ**﴾، أمَّا عن كثرةِ الفرسِ فإنَّ المسلمينَ اليومَ هم أشرافُ العربِ جاؤوا لحربهِم، فإن يزهدُوا في الدنيَا، ويخلصُوا لربهم ينصرهُم وينالَوا

١- تاريخ الطبري - حـ٣ ص٥٣١، ص٥٣٢.

خيرَي الدنيا والآخرةِ، وإن يصبهم الضعفُ تكن تلكَ نهايتهُم في الدنيَا والآخرَة.

إنَّ المسلمينَ منذُ ثلاثِ سنواتٍ وهم يحذرونَ الفرسَ من حربهِم، ويدعونهُم إلى الدخولِ في الإسلامِ سلماً، منذُ أن أرسلَ رسولُ اللَّهِ رسالتهُ الشهيرَةَ إلى «كِسرَى» وإن الفرسَ قد اختارُوا الحربَ فلا بديلَ عنها أمامَ المسلمينَ.

إنهُ سعدٌ الأسَدُ في مكمنِه يشجعُ أصحابهُ، يلقونَ اليومَ «الفرسَ» فمن يكونونَ أمامَ القوَى التي لقيهَا المسلمونَ قبلَ ذلكَ وهزموهُم بإذنِ اللَّهِ، إنهُ سعدٌ المقاتلُ الشجاعُ الماهرُ، هو الخطيبُ المفوَّهُ يبثُ الحماسَةَ في جنوده، ويشجعهُم على حرب عدوهِم وإن كانُوا من القوى العظمىَ، فإنَّ اللَّهَ العظيمَ القويَّ وحدَه هو القادرُ على نصرةِ جندهِ.

بدايةُ المعركةِ:

كبرَّ سعدٌ للَّهِ فرَنَّ صوتهُ في أفاقِ الكونِ «اللَّهُ أكبرُ» فاستعدَّ المسلمونَ لقتالِ عدوِّهم، ثم كبرَ مرةً ثانيةً فارتفعَ نداؤهُ «اللَّهُ أكبرُ» فأتموا استعدادهُم، ثم قالَ «اللَّهُ أكبرُ» الثالثةِ هجمَ المسلمونَ على عدوِّ اللَّهِ وعدَوهم.

بَدأت المعركةُ شديدةً، وقد استعرضَ الفرسُ قوتهُم فجعلوا الفيلةَ في مقدمةِ الجيشِ لترهبَ المسلمينَ الذينَ لم يكن لهم خبرةٌ بكيفيةِ معاملتِها في

الحربِ، فأمرَ سعدٌ بني أسدٍ وهم من إِحدَى قبائلِ العربِ المعروفةِ بالقوة، أمرهُم بمواجهةِ هذهِ الأفيالِ، وساعدهُم «بنو تميم» إِذ صوَّبوا سهامَهُم نحوَ عيونِ هذهِ الأفيالِ فاضطربَت وراحت تضربُ بِمَنْ ركبهَا على غيرِ هدىً، فأصابهمُ الموتُ.

وكبرَ سعدٌ للمرةِ الرابعةِ، فجلجلَت «اللَّهُ أكبرُ» في أرضِ المعركةِ، واشتعلتِ الحربُ، وسَمعَ المقاتلونَ من المسلمين التكبيرةَ، فعلموا أن قائدهُم إِنما يأمرهُم بأن يهجموا على أعدائهِم، فلا يتركونَ لهم حيلةً، ولا فرصةً للهربِ، وأتى الليلُ على أرضِ المعركةِ، وذهبَ ضوءُ الشمسِ فتوقفَت المعركة قليلاً، وأطلَّ «الكونُ» يشهدَ هذه الحربَ الضاريةَ وقد توقفت بعض الوقت، أطلَّ «الكونُ» ليشهدَ أصحابَ رسولِ اللَّه: سعداً ومنْ معهُ من المسلمينَ الأقوياءَ وهم يرهبونَ ويخيفونَ عدوّهم، تراجعَ بعضُ الفرسِ منتظراً صباحَ الغدِ، وفيهم من يفرحُ أنَّه لم يمت، وفيهم مَنْ يريدُ أن يجيءَ الصباحُ مبكراً حتى ينتقم لقريبٍ لَه، أو صديقٍ أذاقَه المسلمونَ الويلَ الشديدَ ثم قتلوه.

لقد حذَّر المسلمونَ الفرسَ لمدةِ ثلاثِ سنواتٍ، ولقد أمهلوهُم ثلاثةَ أيامٍ كي يفكرُوا فيها ويعيدوا ترتيبَ أمورهم، أمهلهم المسلمونَ لأنهُم يعلمونَ ألا قوةَ بالفرسِ على حربهِم، ولا قوةَ لأحدٍ من أهلِ الأرضِ علَى مواجهتهِم، كيفَ وهم قد خرجُوا للقائهِم يلبسونَ أكفانهُم أسفلَ ملابسهِم، ويحرصونَ على الموتِ كما يحرصُ الفرسُ على الحياةِ.

اليومُ الثانِي من أيامِ المعركةِ:

وفي صباحِ اليومِ الثانيِ استمرتِ المعركةُ شديدةً ضاريةً ووقعَ من الفرسِ الكثيرونَ، واستشهدَ من المسلمينَ مَنْ صدقُوا اللَّهَ على ماعاهدوهُ، وبقي الآخرونَ ينتظرونَ نصرهُ، وأقبلَ الليلُ فتفرقَ الفريقانِ، وجاءَ اليومُ الثالثُ بمثلِ ماجاءَ سابقاهُ بهِ، وانتهَى ولم تحسمِ المعركةُ بعدُ لصالحِ أحدِ الفريقينِ، حتى إذا كانتِ الليلةُ الرابعةُ من المعركةِ حدثَ أمرٌ لم يحدث في الحروبِ من قبلُ ولاتحدثَ بهِ أحدٌ.

ليلةُ الهريرِ:

حكَى أحدُ الذينَ شهدوا هذهِ الليلةَ وهو صحابيٌّ يُسمَّى «أنسَ بنَ الحليسِ» فقالَ:

- «شهدتُ ليلةَ الهريرِ، فكانَ صليلُ الحديدِ فيهَا كصوتِ القيونِ ليلتهَم حتى الصبّاحِ، أفرغَ عليهمُ الصبرُ إفراغاً، وباتَ سعدٌ بليلةٍ لم يبت بمثلهَا، ورأى العربُ والعجمُ أمراً لم يروْا مثلَه قط، وانقطعتِ الأصواتُ عن رستم وسعد، وأقبلَ سعدٌ على الدعاءِ حتى إذا كانَ وجهُ الصبحِ، انتهَى الناسُ فاستدلَّ بذلكَ على أنهم الأعلونَ، وأن الغلبةَ لهُم».

لقد استمرت الحربِ الليلَ كلهُ، وكانَ صوتُ السيوفِ لايخفتُ الليلَ كلَّه وتحملَ المسلمونَ وثبتوا في أماكنهمْ طوالَ الليلِ، أما سعدٌ القائدُ فلقدْ

اتخذَ كلَّ أسبابِ النصرِ، ولقد انقطعت عنهُ أخبارُ أصحابهِ في المعركةِ، كمَا انقطعتِ الأخبارُ عن « رستم » قائدِ الفرسِ، فما كانَ من سعدٍ إلاَّ أن استغرقَ في دعاء ربِّهِ، مجتهداً إليهِ، طالباً منه أن يهبهُ النصرَ، وطلعَ الصباحُ وأشرقتِ الشمسُ بنورِ ربهَا والحربُ مازالت مستمرةً؟ اتضحتِ الحقيقةُ فإذا المسلمونَ همُ الفائزونَ(١).

ليلةُ القادسيةِ:

وفي صباحِ « ليلةِ الهريرِ » ثبتَ المسلمونَ وسارَ الأقوياءُ منهم كلٌّ في قبيلتِهِ يعلمُهَا أن النصرَ قادمٌ لمن ثبتَ في موضعهِ وصبَرَ بعضَ الوقتِ، فإنَّ علاماتِ هزيمةِ الفرسِ قد ظهرت عليهم، فدارتِ المعركةُ كأشدِّ ماتكونُ حتى إنه قد استشهدَ ليلةَ الهريرِ ويوم القادسية من المسلمينَ ستةُ آلافٍ.

وانكشفَ الفرسُ، كانَ القتالُ قد أتعبهُم، ولما جاءَ الصباحُ فوجئوا بأنَّ المسلمينَ يكملونَ فيهم ماكانَ طوالَ الليلِ، فراحوا يحاولوَن الهرَب، حتَّى « رستم »القائد ألقىَ بنفسهِ في البحرِ، يريدُ النجاةَ، فلحقَ به أحدُ المسلمينَ ويسمَّى « هلالَ بنَ عُلَّفة الحِمل » وأخرجَه إلى « الجدِّ » شاطئِ البحرِ، فضربَ جبينَه بالسيفِ حتى قتلهُ، وحملهُ حتى ألقَى به بينَ أرجلِ الخيلِ المحاربةِ ونادى في الناسِ بصوتٍ عالٍ:

١- البداية والنهاية: ٧/ ٤٤.

- «قتلتُ رستمَ وربِّ الكعبةِ»[1].

فلمَّا سمعَ الفرسُ ذلكَ، هانَ عليهِم كلُّ شيءٍ، وانهزموا، وعلمَ الفرسُ ألا ثباتَ لهم بعدَ قائدهِم، فأسلَمَ منهم من أسلمَ، وضحكَ سعدٌ عندمَا أمرَ قاتلَ «رستم» أن يجيءَ بجثتهِ، فلمَا جاءَ بها إليهِ جردَهُ مما عليهِ إلا مايستُرُه، فغنمَ المسلمونَ كثيراً ممَّا كان عليهِ، وجاءَ نفرٌ من العبادِ حتى دخلُوا على سعدٍ فقالُوا:

- «أيهَا الأميرُ، رأينَا جسدَ رستمَ علَى بابِ قصركَ وعليهِ رأسُ غيرهِ، وكانَ الضربُ قد شوههُ»[2].

لقد شاهدُوا «رستم» عندَ بابِ قصرِ سعدٍ وقد تغيرت معالمُ وجههِ، فخيلَّ إليهم أنهُ غيرهُ، لقد نالَ مايستحقُّه من عقابِ اللَّهِ.

سعدٌ يخبرُ «عمرَ» بنصرِ اللَّهِ:

كتبَ سعدٌ إلى «عمرَ» يخبرُه بما فتحَ اللَّهُ بهِ علَى المسلمينَ، وبالنصرِ الذي مَنَّ عليهم به فكتبَ إليهِ «عمرُ»: أن قف في مكانكَ، فردَّ سعدٌ عليهِ بأنهم لم ينالُوا إلا القليلَ، وبأنَّ بإمكانِ المسلمينَ مواصلة الحربِ، وتتبعَ الفرسَ. فردَّ «عمرُ» على خطابهِ بقولهِ:

أن قِف مكانكَ ولا تتبعهُم، فأقامَ المسلمونَ ببلادِ فارسَ، وبنوا المساجدَ،

١- تاريخ الطبري - حـ٣ - ص٥٦٤.
٢- البداية والنهاية ٧/ ٤٤.

وازدهرَ الإِسـلامُ في تلكَ البلدانِ، ومـازالَ الـكـثـيـرُ من أبنائِهَـا باقينَ علَى إِسلامِهِم حتَّى يومنَا هذا.

لقد كانت معركةً عظيمةً وتضحيةً من المسلمينَ رائعةً، ودرساً في الجهادِ في سبيلِ اللّهِ قادهُ الصحابيُّ الجليلُ «سعدُ بنُ أبي وقاص» حتى مكَّنَ للإِسلامِ في أرضِ فارسَ.

الفصلُ الخامسُ
حكْمُ سعدٍ

شكوى كيديةٍ:

كانَ من المدنِ التي عمرَها المسلمونَ مدينةَ «الكوفةِ»، ذلكَ أنَّ جوَّ بلادِ فارسَ لم يتفقْ معَ ما اعتادَ المسلمونَ الحياةَ فيهِ، فأشارَ «عمرُ بنُ الخطابِ» علَى سعدٍ بأن العربَ لايصلحُ أن يقيمُوا إلا في أماكنَ تشبهُ ما اعتادوُا الحياةَ فيهِ، فكانت هذه المدينةُ، حيثُ أقامَ المسلمُون وحكمَهُم سعدٌ، فشكَى مَنْ شكَا منهم إلى «عمرَ» أن سعداً لايُحسنُ الصلاةَ بهم. فقالَ سعدٌ:

- «أمَّا أنَا فإني كنتُ أصلي بهم صلاةَ الرسولِ، صلاتَي العشيّ لاَ أحرم منهَا، أركدُ في الأوليينِ، وأحذفُ في الأخريينِ».

إنهُ يذكرُ كيفيةَ صلاتهِ، كان يصلِّي كمَا يصلِّي رسولُ اللَّهِ، لايحرم نفسهُ من أدائها كمَا كانَ الرسولُ العظيمُ يؤديهَا، فاطمأنَّ «عمرُ» إلى أنهَا شكوةٌ كيديةٌّ لكنهُ أرسلَ منْ يسألُ عنهُ في «الكوفةِ» وكانَ من عادتهِ - رضي اللَّهُ عنهُ - أن يطمئنَّ على سيرِ ولاتهِ بالحقِّ بينَ الناسِ، فكانَ رسلُه لايأتونَ مسجداً يسألونَ فيهِ عن سعدٍ، إلا قالَ الناسُ فيه خيراً، إلا رجُلاً ادعَى عليهِ بما ليسَ فيهِ، فلمَّا وصلَ إلى سعدٍ كلامهُ دعَا اللَّهَ عليهِ - وكانَ سعدٌ مستجاب الدعاءِ وذلك بدعوةِ رسولِ اللَّهِ له - دعَا عليهِ سعدٌ ألاَّ يموتَ

قبلَ أن يطولَ عمرُهُ ويعرضهُ اللَّهُ للفتَن، فاستجابَ اللَّهُ دعاءهُ، ولم يمت هذَا الرجلُ قبلَ أن يسيرَ في الطريقِ يتعرضُ للنساءِ، ويقولُ كلاماً لاينبغي أن يقالَ، لقد افترىَ على سعدٍ، وقالَ عليهِ ماليسَ فيهِ، لذلكَ حقَّقَ اللَّهُ دعوةَ سعدٍ عليهِ[١].

واستمرَّ سعدٌ يحكمُ في الناسِ بالعدلِ؛ ويقتدِي في عباداته بالرسولِ العظيمِ حتى أصدرَ «عمرُ» أمراً باستقدامهِ ليكونَ مستشاراً عندهُ، فأطاعَ سعدٌ أمر وليِّ الأمرِ، ونفذهُ؛ وعندمَا حضرتِ الوفاةُ «عمرَ»[٢] قالَ:

- «فإن أصَابت سعداً، وإلا فليستعِن به الخليفةُ بعدِي، فإني لم أنزعهُ من ضعفٍ ولا خيانةٍ».

يوصِي «عمرُ» بالخير لسعدٍ لما علمَهُ فيهِ من عدلٍ وإخلاصٍ، يوصِي بأن يحكمَ «الكوفةَ» سعدٌ وإلا فليستعِن به الخليفةُ من بعدهِ لأنهُ لم ينزعهُ عن ضعفٍ ولاعَن خيانةٍ.

عودةُ «سعدٍ»:

ولما تولَّى «عثمانُ بنُ عفان» الخلافَةَ أعادَ «سعداً» إلى حكمِ الكوفةِ، فعادَ إلى ماكانَ عليهِ من عدلٍ بينِ الناسِ.

١- إصابة دعوة «سعد» مسند الإمام أحمد - عن سير أعلام النبلاء - حـ١ ص١١٥.

٢- رواه البخاري كتاب الأذان رقم ٧٥٥.

اعتزالُ «سعد» الفتنةَ:

وبعد استشهادِ الخليفةِ الثالثِ «عثمانُ» انتشرتِ الفتنةُ بينَ المسلمينَ، إذ وقعَ خلافٌ في وجهةِ النظرِ بينَ سيدنَا «عليٍّ بن أبي طالبٍ» الخليفة الرابع و«معاوية بنِ أبي سفيان» والي الشام في ذلك الوقتِ، إذ كانَ «عليٌّ» يَرى أن تهدَأ الأمورُ في الدولةِ الإسلاميةِ ثم يُعاقبُ قتلةَ عثمانَ، وكان «معاويةُ» يرىَ أن يعاقب القتلةُ أولاً، وانحَازَ بعضُ الصحابةِ إلى جانبِ «معاويةَ» وقدرَ اللَّهُ أن تكونَ حرباً.

أمَّا سعدٌ فلقد اتخذَ موقفاً مختلفاً تماماً، ذلكَ أنهُ لم ينحز إلى جانبِ «عليٍّ» أو «معاويةَ» وإنما يُروَى أنهُ كانَ في غنمٍ لَه، فجاءهَ ابنُه «عمرُ»، فمَا إن رآه حتى قالَ:

- «أعوذُ باللَّهِ من شرِّ هذا الراكبِ».

فلمَّا وصلَ إليهِ قالَ «عمرُ»:

- «يا أبَتِ أرضيتَ أن تكونَ أعرَابياً في غنمِكَ، والناسُ يتنازعُونَ في الملكِ في المدينةِ».

إنَّ ابنهُ يريدُ منهُ أن يتركَ رعيَ الغنمِ، ويذهبَ إلى «المدينةِ المنورةِ» فيشتركَ فيمَا بينَ الصحابةِ، فما كانَ ردُّ سعدٍ إلا أن ضربَ صدرَهُ وقالَ:

- «اسكُت، فإني سمعتُ رسُولَ اللَّهِ يقولُ: إنَّ اللَّه يحبُّ العبدَ التقيَّ الغنيَّ الخفيَّ»[1].

يأمرهُ بالصمتِ لأنَّه سيفعلُ كمَا كانَ الرسولُ العظيمُ يقولُ وسيكُونُ العبدُ الذي يخافُ ربَّه، غنياً عنِ الناسِ، خفياً عنهُم.

وهكذَا اعتزلَ الفتنةَ، فلم يحضُر ما كانَ بينَ المسلمينَ من معاركَ، لم يحضرِ «الجملَ» ولا «صفينَ»، ولا التحكيمَ الذي كانَ بين «عليٍّ» ومعاويةَ، معَ أنهُ كانَ كمَا يروِي عنهُ أحدُ المؤرخينَ الثقاتِ[2]

- «أهلاً للإمامَةِ متميزَ الشأنِ».

يقولُ عنه إنهُ كانَ يستحقُّ الحكمَ، وأنهُ كانَ متميزاً في جميعِ أمورهِ. ولذلكَ رشحهُ عمرُ بين الستةِ للخلافةِ.

شهادةُ سعدٍ:

وقالَ سعدٌ عن هذا الأمرِ:

- «ما أزعمُ أني بقميصِي هذَا أحقُّ بالخلافةِ، جاهدتُ وأنَا أعرفُ بالجهادِ، ولا أبخعُ نفسِي إن كانَ رجلاً خيراً منيٍّ، لا أقاتلُ حتَّى يأتونِي

١- مسند الإمام أحمد حـ١ - ص١٩٨ عن سير أعلام النبلاء» حـ١ / ص١٠٢.
٢- صاحب سير أعلام النبلاء - الإمام الذهبي - حـ١ - ص١٠٢.

بسيفٍ له عينانِ ولسانٌ فيقولُ هذا مؤمنٌ وهذا كافرٌ» .

إنهُ يقولُ عن نفسهِ إنهُ لايرَى نفسهُ أهلاً للخلافةِ، فإنهُ رجلٌ مجاهدٌ، يعرفُ في أمورِ الجهادِ، ولكن لاينقصُ من نفسهِ إن كانَ أحدٌ أحقَّ منهُ بهذا الأمرِ، فإنَّ «كل إنسانٍ ميسرٌ لما خلقَ لهُ» وهوَ لن يقاتلَ مسلماً أبداً، وإن أرادَ منهُ أحدٌ أن يشتركَ فيمَا يجري فليأتِ له بسيفٍ يرَى وينطقُ، فيشهدُ أنَّ هذا مؤمنٌ فلا يقتلهُ، وهذا كافرٌ فيقاتلهُ.

إنهُ الابتعادُ عمَّا يمكنُ أن يضرَّ بمسلمٍ، والتواضعُ مع إنزالِ النفسَ في مكانِها المناسبِ والإعزازُ بها، إنه سعدٌ رضيَ اللَّهُ عنهُ.

دخولُ سعدٍ على معاويةَ:

وشاءَ اللَّهُ أن تنتهيَ تلكَ الفتنةُ، وأن يتولَّى الخلافَةَ «معاويةُ بنِ أبِي سفيانَ»، فدخلَ عليهِ سعدٌ وكانَ من عادةِ الناسِ أن يسلموا على أميرِ المؤمنينَ بالإمارةِ أي يقولونَ لهَ:

- السلامُ عليكم يا أميرَ المؤمنينَ.

ذلكَ إن كانُوا موافقينَ علَى توليتهِ، أمَّا سعدٌ فإنَّه لم يفعل فقالَ لهُ معاويةُ:

- «لوشئتَ أن تقولَ غيرهَا لقلتَ» .

إنه يُخَيِّرُهُ، لو أرادَ أن يسلمَ عليهِ بغيرِ هذهِ الكلمةِ لقالَ، فمعاويَةُ يعرفُ موقفهُ منهُ، وهوَ يعفيه من الحرجِ، ولكنَّ «سعداً» قالَ لهُ:

- «فنحنُ المؤمنونَ ولم نؤمركَ، فإنكَ معجبٌ بما أنتَ فيهِ، واللّهِ مايسرُّني أنِّي على الذي أنتَ عليهِ وأني هرقتُ بحجمِ دمٍ».

إنهُ سعدٌ الشجاعُ لايخافُ التعبيرَ عن رأيهِ بحريةٍ حتى إن كانَ أمامَ حاكمِ المسلمينَ، يقولُ لهُ مايراهُ حقاً، ويعلنُ أنهُ مايحبُّ أن يكونَ في مكانهِ لأنهُ لايريدُ أن يسيلَ ولو أقل القليل من دمِ المسلمينَ(١).

١- سير أعلام النبلاء - الذهبي حـ١ - ص١٢٢.

الفصلُ السادسُ
وفاةُ سعدٍ

اعتزالُ سعد:

واعتزلَ سعدٌ الناسَ فأقامَ في قصر بناهُ بـ« طوف حمراءَ الأسدِ » وهو مكانٌ على بعد ثمانيةِ أميالٍ من المدينةِ ... وهناكَ في ذلكَ الموضعِ البعيدِ أرادَ اللّهُ أن يقضِي سعدٌ أيامَه الأخيرة، وأن يحين أوانُ راحةِ هذا المقاتلِ الدائمِ الجهادِ، أرادَ اللّهُ له أن يأخذهُ إلى جوارِهِ، فتكونَ الراحةُ الأبديةُ التِي لاتعبَ فيهَا ولانصبَ، قدرَ اللّهُ له الجنةَ قال الشاعر:

بَصُرْتَ بالراحة الكبرى فَلَمْ ترهَا   تنالُ إلاَّ على جِسرٍ مِنَ التعبِ

اللحظاتُ الأخيرةُ في حياةِ سعد:

وحانت اللحظاتُ الأخيرةُ من حياةِ سعدٍ . .

وتلفتَ الكونُ إليهِ، فهذا البطلُ الآنَ يلفظ آخرَ أنفاسهِ .

هذا الذي حمَى المسلمينَ يومَ أحدٍ وفداهُ الرسولُ بأبويهِ ولم يجمعهُمَا قط لأحدٍ قبلهُ . . إنه الرجل الذي ضحكَ من فعلِه بالسهمِ رسولُ اللّهِ ودعَا له بالخيرِ . .

يموتُ . .

والكونُ كله أسىً لأنَ أمثالَ سعدٍ لايبقونَ فيه طويلاً وإن امتد بهم العمرُ، لكنَّ أعمالهم الكثيرةَ ملأتِ الأرضَ خيراً في وقتٍ قصيرٍ، فهو خيرٌ ممن عاشُوا طويلاً ولم يقدموا للبشريةِ شيئاً، ولو كان عمرهم مثل عمر الكون كله؟

ويضعُ سعدُ رأسهُ في حجرِ ابنه «مصعبٍ» فهو لايقوَى على حملهَا لما هو فيهِ من ألمٍ، فيبكي ابنهُ، فيرفعُ سعد إليه رأسَه متسائلاً:

- «أي بني مايبكيكَ؟».

إنه يتعجبُ فمَا الذي يبكي ابنَه، ويجيبُ الابنُ فيقولُ:

- «لمكانكَ وما أرى بكَ».

فيقولُ سعدٌ، في إيمانٍ ويقينٍ، يقولُ قولاً سديداً لايقولهُ في لحظاتِ الوفاةِ إلا مخلصٌ، في الموقفِ الذي يستشعرُ الناسُ فيهِ الألمَ فيعجزونَ عن النطقِ، يقولُ سعد:

- «لاتبكِ فإنَّ اللّه لايعذبنيِ أبداً وإني من أهلِ الجنة».

ينهاه عن البكاءِ لأنَّ اللّهَ لايعذبُه .. أفلم يبشرُه رسولُ اللّهِ بدخولِ الجنةِ، وما عندَ اللّهِ خيرٌ عندَ سعد.

تكفينُه:

ثم طلبَ سعد طلباً هو الأخيرُ في الحياةِ له، تُرى ماذا سيطلبُ؟.

إنه لايطلب إلا جبةً من صوفٍ ... لماذا؟

قال سعد:

- «كفنونِي فيها، فإني لقيتُ المشركينَ فيها يومَ بدرٍ وإني خبأتُها لهذا اليومِ»[1].

يطلبُ ممن حولَه أن يكفنُوه فيها ذلك لأنه حاربَ المشركينَ فيها يومَ بدرٍ، وهو يريدُ أن يقابلَ ربه وهي عليه لذلكَ خبأها لهذا اليوم، إنه يريد أن يقابل ربه فيها رضى عما فعلَه في ذلك اليومِ..

وهكذا هي .. وصايَا الصالحينَ.

كلمات في وداع «سعد»:

وكانت حاضرة..

كانت السيدة «أم سلمة» زوجُ الرسولِ العظيمِ فأُدخلَ عليهَا سعد بعد وفاته، فأخذت تبكي عليه وتقول:

- «بقيةُ أصحابِ رسولِ اللَّه».

تبكي لأنه سعد آخرُ المهاجرين وفاةً .. لأنَّ الكونَ سيحرمُ من أولئك النفرِ الذين جاهدوا حتى نشروا هذا الدينَ في حياةِ الرسولِ وبعدَ مماتِه.

رحمَ اللَّه، ابن أبي وقاص، رحمةً واسعةً نظيرَ ماقدمَ من صالحاتٍ.

١- سير أعلام النبلاء - الذهبي - حـ١-ص١٢٣.

الفهـــرس